Wolfgang Brune
Daniela Bennek

Das Unternehmenspanorama

AF571385

Wolfgang Brune
Daniela Bennek

Das Unternehmenspanorama

Ein anderer Weg erfolgreicher Unternehmensführung

Trainerverlag

Impressum/Imprint (nur für Deutschland/only for Germany)
Bibliografische Information der Deutschen Nationalbibliothek: Die Deutsche Nationalbibliothek verzeichnet diese Publikation in der Deutschen Nationalbibliografie; detaillierte bibliografische Daten sind im Internet über http://dnb.d-nb.de abrufbar.
Alle in diesem Buch genannten Marken und Produktnamen unterliegen warenzeichen-, marken- oder patentrechtlichem Schutz bzw. sind Warenzeichen oder eingetragene Warenzeichen der jeweiligen Inhaber. Die Wiedergabe von Marken, Produktnamen, Gebrauchsnamen, Handelsnamen, Warenbezeichnungen u.s.w. in diesem Werk berechtigt auch ohne besondere Kennzeichnung nicht zu der Annahme, dass solche Namen im Sinne der Warenzeichen- und Markenschutzgesetzgebung als frei zu betrachten wären und daher von jedermann benutzt werden dürften.

Coverbild: www.ingimage.com

Verlag: Der Trainerverlag ist ein Imprint der
Südwestdeutscher Verlag für Hochschulschriften GmbH & Co. KG
Heinrich-Böcking-Str. 6-8, 66121 Saarbrücken, Deutschland
Telefon +49 681 37 20 271-1, Telefax +49 681 37 20 271-0
Email: info@verlag-trainer.de

Herstellung in Deutschland:
Schaltungsdienst Lange o.H.G., Berlin
Books on Demand GmbH, Norderstedt
Reha GmbH, Saarbrücken
Amazon Distribution GmbH, Leipzig
ISBN: 978-3-8417-5026-6

Imprint (only for USA, GB)
Bibliographic information published by the Deutsche Nationalbibliothek: The Deutsche Nationalbibliothek lists this publication in the Deutsche Nationalbibliografie; detailed bibliographic data are available in the Internet at http://dnb.d-nb.de.
Any brand names and product names mentioned in this book are subject to trademark, brand or patent protection and are trademarks or registered trademarks of their respective holders. The use of brand names, product names, common names, trade names, product descriptions etc. even without a particular marking in this works is in no way to be construed to mean that such names may be regarded as unrestricted in respect of trademark and brand protection legislation and could thus be used by anyone.

Cover image: www.ingimage.com

Publisher: Trainerverlag
is an imprint of the publishing house
Südwestdeutscher Verlag für Hochschulschriften GmbH & Co. KG
Heinrich-Böcking-Str. 6-8, 66121 Saarbrücken, Deutschland
Phone +49 681 37 20 271-1, Fax +49 681 37 20 271-0
Email: info@verlag-trainer.de

Printed in the U.S.A.
Printed in the U.K. by (see last page)
ISBN: 978-3-8417-5026-6

Copyright © 2012 by the author and Südwestdeutscher Verlag für Hochschulschriften GmbH & Co. KG and licensors
All rights reserved. Saarbrücken 2012

Das Unternehmenspanorama
Ein anderer Weg erfolgreicher Unternehmensführung

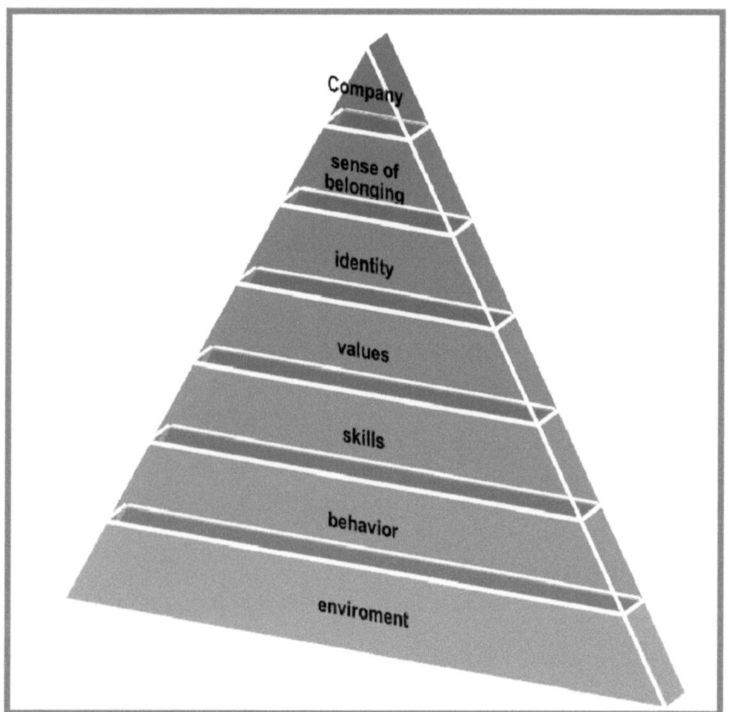

Vorwort

Die für eine Unternehmensführung üblichen Wege der Hilfe durch Unternehmensberatung enden oft im Personalabbau und drastischen Kürzungsorgien in allen Bereichen, wobei der beschwerliche Gang über „ heiße Kohlen" glücklicherweise schon an Bedeutung verliert.

Einen anderen Weg für aufgeschlossene Unternehmen stellen die Autoren des vorliegenden Buches mit ihrem Unternehmenspanorama vor. Es erscheint logisch, da die eigenen Mitarbeiter ihre Unternehmen selbst besser kennen und konstruktiv mit weiterentwickeln können – zum Wohl von Mitarbeiter *und* Firma.

Ein brisantes Thema in neuer Art gut durchdacht und präsentiert. Entlassungen im heutigen Unternehmensumfeld sind eher doppelt zu überlegen und der Leiharbeiter wird das Stammpersonal schwerlich ersetzen können.

Mittels des vorgestellten Unternehmenspanoramas können Geschäftsführer durchaus gute, neue Ansätze darstellen.

Dr. Dr. Dietmar Riedel

Danksagung

Von der ersten Idee bis zur Verwirklichung eines Projektes vergeht eine Zeit der Überlegung und der Gespräche. Zweifel werden laut, wird so ein Buch überhaupt benötigt? Es gibt eine kaum zu überschauende Anzahl von Büchern, die sich mit der Unternehmensführung beschäftigen. Weshalb sollte gerade dieses Buch den geneigten Leser interessieren?

In den intensiven Gesprächen und Diskussionen zeigte sich, dass unser Ansatz sehr wohl geeignet ist, Unternehmern ein Werkzeug an die Hand zu geben, das neue Möglichkeiten der Unternehmensführung eröffnet. Es ist anders geartet als die üblichen Vorgehensweisen, bietet aber einen umfassenden Einblick in das Unternehmen. Das Unternehmen wird ganzheitlich betrachtet. So werden Abhängigkeiten erkannt und Zusammenhänge deutlich. Der so erzeugte Einblick versetzt die Führungskräfte in die Lage, zielgerichtet und lösungsorientiert an den Aufgaben zu arbeiten.

Besonderer Dank gilt Dieter Merz, der als erster mit dieser Idee in Berührung kam und uns ermutigt hat, unsere Gedanken aufzuschreiben. Jerzy Schaper, der mit seinen konstruktiven kritischen Anmerkungen wesentlich unsere Überlegungen beeinflusst hat. Dietmar Riedel und Michael Lohnherr, die bereit waren unser Manuskript zu lesen und uns ebenfalls wertvolle und konstruktive Hinweise gegeben haben.

Das Unternehmenspanorama

Ein anderer Weg erfolgreicher Unternehmensführung

Einführung

Das Unternehmenspanorama
Ein anderer Weg erfolgreicher Unternehmensführung

Einführung

Dieses Buch beschreibt einen anderen Weg erfolgreicher Unternehmensführung.
Wir wenden uns mit dem Unternehmenspanorama an Vorstände und Geschäftsführer von mittelständischen Unternehmen, die auf der Suche nach einem Werkzeug sind, das es ihnen ermöglicht, souverän auf die Herausforderungen der Unternehmensführung und des Marktes zu antworten. Ein Werkzeug, das es ihnen ermöglicht, das Unternehmen ganzheitlich zu betrachten und daraus geeignete Maßnahmen in der betrieblichen Organisation, der erfolgreichen Strategieentwicklung, der Personalführung und der Marktbearbeitung abzuleiten, um sie dann zielführend umzusetzen. Ihre Unternehmensplanung/ Unternehmensziele werden auf eine andere Art und Weise definiert, sodass die Zielerreichung sehr wahrscheinlich wird.
Mit dem Unternehmenspanorama werden alle Bereiche eines Unternehmens untersucht. Es geht darum, Reibungsverluste zu erkennen die in der Produktionskette, der Kommunikation, der Zusammenarbeit der einzelnen Abteilungen und Bereiche und im Führungsverhalten auftreten.
Darüber hinaus wird das Unternehmensumfeld betrachtet, um auch hier Verbesserungen in der Marktbearbeitung und in der Außenwirkung zu erzielen.
Am Ende des Prozesses haben Sie einen sehr genauen Einblick in Ihr Unternehmen und erkennen welche Maßnahmen durchgeführt werden sollten, um auf Veränderungen schnell, flexibel, produktiv und angemessen zu reagieren.
Durch die intensive Arbeit im und mit dem Unternehmenspanorama wird sich das Kommunikationsverhalten innerhalb des Unternehmens positiv verändern und die Identifikation der Mitarbeiter mit dem Unternehmen gestärkt.

Wie wurde bisher verfahren?

In Unternehmen wurden und werden bisher die klassischen Verfahren der Betriebswirtschaft angewendet. Der Unternehmensführung stehen ausführliche Reports und Darstellungen zu den betriebswirtschaftlichen Kennzahlen zur Verfügung. Controlling ist kein Fremdwort und wird professionell angewendet. Die betriebliche Organisation ist durchstrukturiert und nach den einschlägigen Lehren und Verfahren ausgerichtet. Die Kalkulationsverfahren werden klassisch durchgeführt und regelmäßig auf die veränderten Gegebenheiten abgestimmt.

Es gibt für alle Bereiche Handlungsanweisungen, Ablaufbeschreibungen und Messverfahren.

Die Personalabteilung hat Stellenbeschreibungen und Beurteilungsbögen zu ihrer Verfügung. Die Anforderungsprofile für die einzelnen Positionen sind ausgearbeitet und in der Regel mit Vorschlägen zur Personalentwicklung unterlegt.

Und doch kann ein Unternehmen in eine Situation kommen, die bedrohlich für den Bestand sein kann oder die Unternehmensleitung ist mit der wirtschaftlichen Entwicklung nicht zufrieden.

Oder aber: es gibt Hemmnisse im betrieblichen Ablauf.

Das Unternehmen wird nach Zahlen, Daten, Fakten geleitet, die wie ein Navigationssystem funktionieren. Häufig funktioniert dieses Navigationssystem gut, aber es gibt Fälle, in denen der Weg in eine Sackgasse führt. Als Beispiel hierfür mag eine Notiz gelten, die am 10. Mai 2010 in der Sächsische Zeitung zu lesen war.

Drei Südkoreaner waren mit einem Mietwagen von Brisbane nach Rockhampton unterwegs. Sie verließen sich auf das Navigationsgerät in ihrem Auto. Sie ignorierten Warnschilder, mussten mehrere Gitter öffnen und Felsbrocken aus dem Weg räumen. Schließlich blieben sie mit ihrem Auto in einem Sumpf stecken.

Genauso kann es Unternehmer gehen, die die Warnhinweise und Felsbrocken, die auf ihrem Wege liegen, nicht beachten.

Beispiele für diese Navigationshilfen sind:

- Betriebswirtschaftliche Kenzahlen
- Benchmarking
- Controllingssyteme
- Risikomanagementsysteme
- Balance Scorecard
- usw.

Durch die Einführung der Ratingverfahren bei den Banken sind die operationalen Risiken verstärkt in den Blickwinkel gekommen. Umfangreiche Notfallkoffer und Prüfverfahren sind entwickelt worden, die es ermöglichen auf Risikofälle angemessen reagieren zu können. Es sind Werkzeuge, die dafür sorgen sollen, mögliche Risiken und Verluste zu vermeiden. Sie stehen dem Management zur Verfügung und werden mehr oder weniger regelmäßig genutzt.

Diese Navigationsmittel ersetzen aber nicht das verantwortliche Handeln der Führungskräfte.

Wenn es trotz aller guten Werkzeuge zu einer unbefriedigenden Situation im Unternehmen kommt, werden Berater eingeschaltet, die dem Unternehmer helfen sollen diese Situation zu bereinigen.

In der Regel werden die Abläufe im Unternehmen einer kritischen Würdigung unterzogen, Veränderungen werden durchgeführt um so vermeintliche Schwachstellen abzubauen. Ein weiteren Schwerpunkt sind die Zahlen und Daten des Unternehmens. Hier im Besonderen die Finanz- und Liquiditätsplanung sowie das Debitoren- und Kreditorenmanagement. Alles Maßnahmen, denen positive Auswirkungen auf die Kosten- und Erlösstruktur beigemessen werden.

Gleichwohl geht es in erster Linie um eine Reduktion der Kosten und der Verbesserung der Erlössituation.

In ganz seltenen Fällen wird das Unternehmen ganzheitlich betrachtet um herauszufinden wie die internen und externen Regelkreise funktionieren.

Dadurch stehen der Unternehmensleitung wichtige Fakten und Erkenntnisse des Unternehmens nicht zur Verfügung, weil mit den vorgenannten Navigationshilfen diese Bereiche nicht betrachtet werden können.

Was bleibt ist ein gewisses Unbehagen über die allgemeine betriebliche und wirtschaftliche Situation.

Es ist nicht so recht greifbar, wie das Unternehmen wirklich funktioniert. Alles, was nach betriebswirtschaftlichen Möglichkeiten machbar ist, wurde umgesetzt und doch scheint es nicht ohne Probleme/Schwierigkeiten zu funktionieren. Im besten Fall wird zur Abhilfe ein Unternehmensleitbild entwickelt, weil eine stärkere Einbindung der Mitarbeiter in das Unternehmen erfolgen soll. Das Unternehmensleitbild soll nach Innen Orientierung geben und motivierend für die ganze Organisation sein. Für das Unternehmensumfeld soll es zeigen, wofür das Unternehmen steht. Es formuliert einen Zielzustand, den das Unternehmen erreichen möchte. Das Leitbild beschreibt die Mission und die Vision eines Unternehmens sowie die angestrebte Unternehmenskultur. Es ist Teil des Normativen Managements und bildet den Rahmen für Strategien, Ziele und operativen Handeln. Es formuliert einen gewünschten Zielzustand.

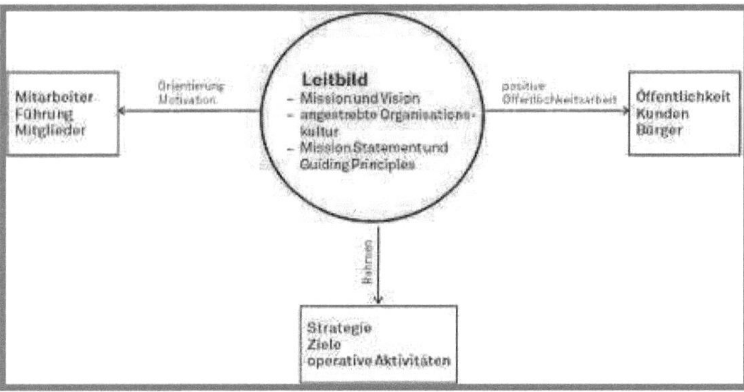

Quelle: Wikipedia

Dabei erleben viele Unternehmen das Phänomen, das nach einer anfänglichen Euphorie der gewünschte positive Effekt verblasst bzw. nicht mehr vorhanden ist.
Die Frage, ob ein Leitbild diese Funktion übernehmen kann, ist daher umstritten. In Unternehmensleitbildern werden oft mit viel Aufwand Idealbilder beschrieben, die wenig mit der tatsächlichen Unternehmensrealität zu tun haben. Der springende
Punkt hierbei ist, dass kein Weg aufgezeigt wird, wie dieses Idealbild zu erreichen ist. So bleibt am Ende eine Hochglanzbroschüre, die in den Schubladen der Mitarbeiter ein unbeachtetes Dasein fristet. Nach einer anfänglichen Euphorie geht jeder wieder zur Tagesordnung über.
Dazu die Aussage einer Prokuristin eines Mittelständischen Unternehmens: „ Wir haben ein Unternehmensleitbild, dass von allen unterschrieben wurde und auch gelebt wird.“ Im weiteren Verlauf des Gespräches räumte Sie allerdings ein, dass Sie sich nicht sicher sei, ob diese Verpflichtung von allen Ernst genommen wird. Ihr sei aufgefallen, dass die Mitarbeiter über Kommunikationsprobleme klagten.
Verändern wir die Sichtweise ein wenig, kommen andere und wichtige Aspekte des Unternehmens ins Blickfeld, die geeignet sind, eine aussichtsreiche positive Veränderung zu vollziehen. Diese positive Veränderung ist dringend notwendig.
Einer Gallup- Studie zur Folge ist das Engagement der Mitarbeiter für ihr Unternehmen nicht sehr ausgeprägt. In der Studie 2010 – Engagement Index 2010 Status Quo in deutschen Büros und Fabrikhallen- untersuchten sie die emotionale Bindung der Beschäftigten an ihr Unternehmen. Das Ergebnis gibt zum Nachdenken Anlass.
Von 100 Beschäftigten haben nur 13 eine hohe emotionale Bindung, 66 Mitarbeiter eine geringe emotionale Bindung und 21 Personen keine emotionale Bindung an ihr Unternehmen.
Zitat aus der Studie: Die volkswirtschaftlichen Kosten aufgrund von innerer
Kündigung belaufen sich auf eine Summe zwischen 121,8 und 125,7 Milliarden Euro jährlich. Diese Summe entspricht

- 7.354.544 VW Golf
- 621.810 Einfamilienhäusern (bundesweiter Durchschnittspreis)
- 429 Maschinen des weltgrößten Verkehrsflugzeugs Airbus A380

Seit 2001 hat sich der Prozentsatz der Beschäftigten die keine emotionale Bindung an Ihr Unternehmen hat von 15 % auf 21 % erhöht.

Weiter heißt es: durch fehlende oder nur geringe emotionale Bindung zu ihrem Unternehmen, entstehen der deutschen Wirtschaft Kosten in Höhe von 3,7 Milliarden Euro im Jahr. Nur aufgrund von Fehlzeiten.
Es ließen sich Kosteneinsparungen in nennenswerter Höhe erzielen, wenn es den Unternehmen gelingen würde, die Fehlzeiten auf das Niveau der Fehltage (5,4 Fehltage pro Jahr) von Mitarbeitern mit einer hohen emotionalen Bindung zurückzuführen. Für ein mittelständisches Unternehmen mit 200 Mitarbeiter bedeutet dies einen Betrag von ca. 55.000,-- EUR jährliche Kosteneinsparung. Bei einem Unternehmen mit 2.000 Beschäftigten sind es immerhin ca. 220.000,--EUR jährliches Einsparungspotential. Grund genug, sich mit seinem Unternehmen intensiv zu beschäftigen.

Begleiten Sie uns durch den Prozess der Entwicklung einer anderen Art der Unternehmensführung. Das Verfahren des Unternehmenspanoramas ermöglicht Ihnen und Ihren Führungskräften einen ganzheitlichen Blick auf Ihr Unternehmen. Sie schauen sich Ihr Unternehmen aus verschiedenen Perspektiven und in allen Bestandteilen an. Damit gewinnen Sie Einblicke in Problem- und Konfliktbereiche, die vorher nur sehr verschwommen zu sehen waren. Sie erhalten ein umfassendes Bild Ihres Unternehmens, das es Ihnen ermöglicht, umfassender, zielgerichteter und stimmiger zu agieren. Das Profil des Unternehmens wird geschärft und ist somit unverkennbarer im Markt positioniert.
Die Unternehmens- Zieldefiniton bekommt durch den erweiterten Blick und das Verfahren eine zwingende Dimension, sodass die Zielerreichung sehr wahrscheinlich wird. Sie erkennen die sozialen und kommunikativen Beziehungen innerhalb Ihres Unternehmens, die erfolgsfördernd sind. Sie sehen sehr klar und sehr deutlich, welche Maßnahmen zu ergreifen sind und wie diese erfolgreich umgesetzt werden können. Sie erarbeiten ein Unternehmensprofil, das ein ausgewogenes Ganzes bildet und auch die Belange der Kunden, Mitarbeiter, Lieferanten und der Unternehmensumwelt berücksichtigt.

Das Unternehmenspanorama beschäftigt sich mit den tatsächlichen Verhältnissen innerhalb und außerhalb des Unternehmens. Es berücksichtigt die derzeitige Unternehmensrealität und baut darauf die gewünschte Unternehmenswirklichkeit auf.

Es zeigt die Strategien auf und gibt Ihnen die Mittel und Werkzeuge an die Hand, dieses Ziel zu erreichen.

Dafür ist es notwendig eine andere Sicht auf das Unternehmen einzunehmen!

Eine Betrachtungsweise, die einen Blick aus einer höheren Warte ermöglicht. Aus dieser Meta- Ebene werden die Entwicklungsmöglichkeiten klar und deutlich erkannt.
Diese Betrachtungsweise, der ein Blick aus der Perspektive der unterschiedlichen Unternehmensebenen zugrunde liegt, beschäftigt sich mit der Umwelt, dem Verhalten, den Fähigkeiten, den Werten und Überzeugungen und der Identität des Unternehmens.

Hierin liegt nach unserer Ansicht die Lösung für ein in jeder Hinsicht erfolgreiches Unternehmen.
Schauen wir uns die neuesten Ergebnisse der Hirnforschung an. Vieles ist in den letzten Jahren an neuen Erkenntnissen hinzu gekommen.
Manche Vorstellung über die Funktionsweise des Gehirns mussten überdacht werden.
So die Vorstellung, dass es einen bestimmten Ort für das Gedächtnis im Gehirn gibt.
Heute weiß man, dass dem nicht so ist. Vielmehr sind Erinnerungen in verschiedenen Arealen des Gehirns gespeichert.
Auch die Persönlichkeit ist nicht an einem Ort verankert, sondern aus dem Zusammenspiel der einzelnen Areale und Nervenbahnen bildet sich die Persönlichkeit.
Ein Unternehmen funktioniert nicht anders.
Auch hier gibt es unterschiedliche Areale, wir nennen sie Bereich, Abteilung und Gruppe/ Team.
In einem störungsfreien Zusammenspiel dieser Bereiche, Abteilungen und Gruppen kann sich das Unternehmen gut entwickeln, am Markt behaupten und auf zufriedene Mitarbeiter und Kunden vertrauen.
Treten Störungen zwischen den einzelnen Bereichen (Nerverbahnen) auf, kommt es unweigerlich zu Komplikationen und Verlusten im Informationsfluss.

Eine milde Form der Störung ist die Vergesslichkeit. Eine ernsthafte Störung ist die Demenz.
Bei Unternehmen werden Informationen nicht weitergegeben oder im extremen Fall verfälscht.

Das kann gravierende Auswirkung auf den wirtschaftlichen Erfolg des Unternehmens haben.

1.1 Das Unternehmenspanorama

Der Prozess des Unternehmenspanoramas ist ein Diagnose- und Veränderungswerkzeug, das durch seine Struktur die Unternehmenswirklichkeit sehr genau abbildet. Im Vergleich zu den bisher am Markt vorhandenen Instrumenten entsteht ein umfassendes Bild des Unternehmens jenseits der betriebswirtschaftlichen Zahlen. Am Beginn der Arbeit steht die Formulierung des Unternehmensziels. Diese Zielformulierung unterscheidet sich in jeder Beziehung von den bisher durchgeführten Zielformulierungen. Sie ermöglicht eine klare und eindeutige Beschreibung des oder der Unternehmensziele.
Anschließend wird die Struktur der sozialen und kommunikativen Beziehungen innerhalb der Führungsmannschaft und des Unternehmens offen betrachtet. Ergeben sich hieraus Veränderungsnotwendigkeiten?
In einem weiteren Schritt beschäftigen sich die Teilnehmer - jeder für sich- mit dem bisherigen Unternehmensprofil, um anschließend zu einem gemeinsamen stimmigen Profil des Unternehmens zu kommen. Insbesondere werden folgende Punkte eingehend betrachtet und diskutiert.

In welchem Unternehmensumfeld bewegt sich die Firma, wie erleben die Kunden, Mitarbeiter, Lieferanten usw. das Unternehmen?
Welche Fähigkeiten und Fertigkeiten setzt das Unternehmen hierzu ein?
Welche Werte vertritt und lebt das Unternehmen nach Innen und nach Außen?

Dabei ist die Vielfalt der menschlichen Identitäten innerhalb des Unternehmens zu berücksichtigen. Daraus erwächst eine unverwechselbare Unternehmensidentität, die nach Innen und Außen ihre Wirkung entfaltet. Da in die Werte des Unternehmens die

Werte der Mitarbeiter einfließen, identifizieren sich die Mitarbeiter mit dem Unternehmen und tragen somit maßgeblich zum Unternehmenserfolg bei. Im Idealfall wird den Mitarbeitern deutlich, in welch hohem Maß sie den Unternehmenserfolg beeinflussen können.
Alle gewonnen Erkenntnisse fließen in einen Handlungsplan ein und bilden somit die Grundlage für die weitere konsequent auf das Ziel ausgerichtete Arbeit.

Der Vorteil den diese gemeinsame sehr prozessorientierte Arbeit bietet, ist offensichtlich. Dadurch dass das Ergebnis im wahrsten Sinn des Wortes bildhaft dargestellt wird, sind die Aufgaben und Konsequenzen deutlich zu sehen.
Der Ablauf des Unternehmenspanoramas ist dann zu Ende wenn die grundlegenden Themen aufgearbeitet sind. Die Erkenntnisse und Einsichten verarbeitet und ein effektiveres Verständnis der Zusammenhänge und Abhängigkeiten eingetreten ist. Ein weiterer Effekt ist eine neue und konstruktive Art der Lösungskompetenz, die für die Arbeit im Unternehmen sehr wertvoll ist.
Der Berater bietet in dieser Phase der Arbeit mit dem Unternehmenspanorama eine Zusammenfassung des Prozessablaufs an und verweist auf die erzielten Ergebnisse und Erkenntnisse und die daraus abzuleitenden Aufgaben.
Daraus entwickeln die Führungskräfte weitere konkrete Schritte, um die formulierten Aufgaben und Ziele in einem definierten Zeitrahmen zu bearbeiten und zu erreichen.

Mögliche Aufgaben können sein:
Was sollten/müssen wir verändern?
Was bedeutet es für unsere Zusammenarbeit, unsere Kommunikation?
Welche Fähigkeiten benötigen wir und in welchem Zeitraum sollen sie vorhanden sein?
Wie können wir die gewünschten Ergebnisse in das Unternehmen transportieren?
Was bedeutet es für unsere Personal- und Öffentlichkeitsarbeit?

Dass das Unternehmen für derzeitige und zukünftige Mitarbeiter sehr attraktiv wird, ist ein gewollter und angenehmer Effekt.

1.2 Grundlagen

Die Tendenz jedes Menschen nach Selbstaktualisierung, Selbsterhaltung und Selbstverwirklichung ist – nach der personenzentrierten Theorie von C. Rogers- der Hauptantrieb menschlichen Handelns. Der Mensch bewertet ständig seine Erfahrung, wobei die Grundlage das Streben nach Selbstaktualisierung, - erhaltung und Selbstverwirklichung ist. Nach Rogers wird der Mensch nicht durch Triebe, sondern von einer einzigen zentralen Energie, Selbstaktualisierung und Selbsterhaltung gesteuert. Damit ist die Selbstaktualisierung das grundlegende Motiv für das Tätigwerden des Menschen, um Autonomie und Selbständigkeit zu erlangen.

Auch Unternehmen werden gegründet und betrieben, um sich in der Umwelt und auf dem Markt zu behaupten. Kein Unternehmen befindet sich am Markt, um sich selbst überflüssig zu machen. Unter dieser Voraussetzung ist mindestens das Prinzip der Selbstaktualisierung und Selbsterhaltung zu betrachten. Die natürliche Entwicklung von Unternehmen besteht im wirtschaftlichen Wachstum und in der Entfaltung seiner technischen und finanziellen Chancen. Der Weg zum Wachstum ist nicht leicht. Es gibt interne und externe Hindernisse die zu überwinden sind. Sie scheinen manchmal mit den eigenen Bordmitteln nicht überwindbar zu sein. In der Führungsspitze herrschen Unsicherheit, Zweifel und einschränkende Überzeugungen. Dann wird im besten Fall der Ruf nach einem Berater laut. In der Beratung wird das Problem geschildert und es werden Lösungen gefordert. Nach einer mehr oder weniger aufwendigen Analyse des Problems schlägt der Berater Maßnahmen zur Problemlösung vor. Arbeitsprozesse werden neu organisiert, Abteilungen zusammengelegt oder neu strukturiert. Die angesagten Managementtheorien werden eingeführt und als Lösungsmethode angepriesen. Im Idealfall haben sich die Probleme damit erledigt, bis nach einigen Jahren wieder eine Reorganisation – aufgrund von neuen Problemen – durchgeführt wird.
Die Humanistische Psychologie betont die Selbstaktualisierungstendenz und hat Modelle entwickelt um Menschen bei dieser Arbeit zu unterstützen. Diese Modelle lassen sich auch auf Unternehmen anwenden.
In den nachfolgenden Ausführungen beschäftigen wir uns mit einem dieser Werkzeuge.
Für die Arbeit mit dem Unternehmenspanorama ist dieses Werkzeug besonders hilfreich und nützlich.

1.3 NLP- eine lösungsorientierte Vorgehensweise

Was ist NLP?

Das Neuro-Linguistische Programmieren (NLP) gilt als bedeutsames Konzept für Kommunikation und Veränderung, das heute ganz besonders von den Menschen nachgefragt und genutzt wird, die beruflich mit Kommunikation zu tun haben. Robert Dilts, einer der wichtigsten Entwickler des NLP, beschreibt NLP als ein Verhaltensmodell und ein System klar definierter Fähigkeiten und Techniken, das von John Grinder und Richard Bandler im Jahre 1975 begründet wurde. NLP wird definiert als die Struktur der subjektiven Erfahrung. NLP untersucht die Muster oder die »Programmierung«, die durch die Interaktion zwischen dem Gehirn (Neuro-), der Sprache (Linguistik) und dem Körper kreiert wird, und die sowohl effektives als auch ineffektives Verhalten produzieren können.

Die Fertigkeiten und Techniken des NLP entstanden durch Beobachtung der Muster im exzellenten Tun von Experten aus diversen Bereichen professioneller Kommunikation, unter anderem aus dem Bereich der Psychotherapie, der Wirtschaft, der Hypnose, des Rechtswesens und der Erziehung. Der Ansatz des NLP ist vor allen Dingen Stärken- und Ressourcenorientiert. Eine Grundannahme des NLP ist die Wahlmöglichkeit, die jedem Menschen zu Verfügung steht. Hieraus folgt dass Menschen sich verändern können. NLP bietet durch sein strukturiertes Vorgehen ein effektives Modell für Veränderungen. Grundlage sind die Zusammenhänge zwischen den neurologischen Prozessen, die durch die Sprache geformt und ausgedrückt werden, beides entwickelt sich aus den spezifischen Programmen und Strategien, die Menschen anwenden. Es gibt verschiedene Interventionsstrategien die auch auf ein Unternehmen angewandt werden können um Ziele leichter zu erreichen und Probleme zu lösen.

Die folgenden Erläuterungen erklären die wichtigsten Punkte, die für das Verstehen des Unternehmens- Panorama notwendig sind.

1.4 Sicht der Welt

Der Konstruktivismus prägt NLP in hohem Maße. Eine wesentliche Beschreibung des Konstruktivismus besteht in der Aussage, dass wir niemals die „objektive" Welt wahrnehmen können. Das menschliche Erleben und Lernen ist danach

Konstruktionsprozessen unterworfen, die durch sinnesphysiologische, neuronale, kognitive und soziale Prozesse beeinflusst werden. Der Mensch konstruiert und repräsentiert sich seine individuelle Welt. Er erschafft sich aufgrund von Lern- und Erfahrungsprozessen sein eigenes Abbild der Welt. Diese Lern- und Erfahrungsprozesse können bewusst oder unbewusst statt gefunden haben. Dabei ist zu berücksichtigen dass einige Ereignisse tiefere Spuren hinterlassen haben als andere und damit kraftvoller wirken.

Daraus entwickelt jeder Mensch eine Landkarte für sich, die es ihm ermöglicht, sich in der Welt zu recht zu finden und zu überleben. Nun ist die Landkarte nicht die Landschaft die sie repräsentiert und unsere Wahrnehmungen von der Welt sind nicht die Welt selbst. Einschränkungen denen wir begegnen sind nicht durch die Welt hervorgerufen worden, ebenso wenig gibt uns die Welt Freiraum für unser Leben. Es sind die Beschränkungen unserer Landkarte, unsere Sicht der Welt, die uns behindern. Bei der Konstruktion unserer

Landkarte haben wir unsere eigenen Filter, Vorannahmen, Glaubenssätzen und Wertvorstellungen benutzt und verwandt. Da jeder seine eigenen Lern- und Erfahrungsprozesse erlebt hat, unterscheiden sich die Landkarten von einander. Diese Unterschiede treten in Kommunikationsprozessen zu Tage.

Sie zeigen uns dass es keine richtige Landkarte der Welt gibt, sondern so viele Landkarten wie es Menschen gibt. Alle erfüllen ihren Zweck, nämlich das zu recht finden und Überleben in dieser Welt.

Das Ziel der Arbeit an den Landkarten ist, sie reichhaltiger und detaillierter zu gestalten um so im sozialen Miteinander zu einer besseren Kommunikation zu kommen.

Auch Unternehmen haben ihre eigene spezifische Landkarte, die zudem noch von den vielen Menschen im Unternehmen mitgestaltet wird. Das Unternehmenspanorama eröffnet die Möglichkeit, diese unbewusste Landkarte ins Bewusstsein zu holen, um sie einem Selbstaktualisierungsprozess zu unterziehen. Im sicheren Rahmen einer Beratung kann geforscht und überprüft werden ob diese Landkarte noch angemessen ist, oder ob sie aktualisiert werden sollte, damit Wachstum für das Unternehmen möglich wird.

1.5 Lösungsorientierung

Wenn Unternehmen nach einem Berater rufen, geht es in der Regel um Probleme, die sich im Unternehmensalltag manifestiert haben. Sie erleben Krisen und Unzulänglichkeiten, für die sie alleine keine Lösungen finden. Der Berater soll ihnen helfen, diese Schwierigkeiten zu beseitigen. Dabei gibt es grundsätzlich zwei Wege der Hilfe.

1. Das Unternehmen hat schon Lösungsmöglichkeiten gefunden, möchte aber eine zweite Meinung und Hilfe bei der Umsetzung.
2. Das Unternehmen erwartet von dem Berater, dass er das Problem für sie löst, bzw. Lösungswege aufzeigt.

Im ersten Fall geht das Unternehmen von der eigenen Lösungskompetenz aus und möchte aus verschiedenen Gründen eine professionelle Unterstützung. Dadurch wird die Arbeit des Beraters erleichtert, ein Erfolg scheint auch langfristig möglich zu sein.

Im zweiten Fall geht es nicht um eine umfassende Lösung der bestehenden Schwierigkeiten. Der Berater wir gerufen, damit zum Beispiel die Produktionskette neu organisiert wird. Bestenfalls wird das Symptom beseitigt, bis nach einiger Zeit neue Probleme auftreten. Diese erfordern dann wiederum die „Hilfe“ eines Beraters.

Mit der Brille des NLP betrachtet, wird das „Problem“ auf eine Weise des „ Ziele sind wichtiger als Probleme“ angefasst.

In vielen Unternehmen wird diese Sichtweise mit Skepsis aufgenommen. „ Wie sollen wir zu unseren Zielen kommen, wenn wir unsere Probleme nicht beseitigt haben.“ So oder ähnlich schallt es dem Berater entgegen. Erst wenn wir die Einsicht wecken können, dass Ziele einen höheren Stellenwert als Probleme haben, können wir uns der Arbeit erfolgreich zuwenden. Diese Zielorientierung erlaubt es den Blick über den „Tellerrand“ zu werfen. Abläufe und Vorgehensweisen neu zu definieren.

Zusammenhänge und Abhängigkeiten zu entdecken und so aus einem einengenden Blickfeld auszubrechen um einen anderen, erfolgreicheren Weg zu gehen.

Den Blick sehr fest auf das Ziel gerichtet fällt es leicht Probleme als Herausforderungen aufzufassen und neue Wege zu gehen.

1.6 Ausgewogene Ziele

Wenn wir uns den ausgewogenen Zielen zu wenden, gilt es eine Unterscheidung zwischen Zielformulierungen und Wünschen zu machen.

Jeder Mensch hat Ziele die er- vor allen Dingen zu Beginn eines Neuen Jahres – für sich formuliert. Die ersten Tage und Wochen scheint es auch sehr gut zu funktionieren. Erste Erfolge stellen sich ein. Aber im Laufe der Zeit verlieren diese Ziele an Kraft und die alten Gewohnheiten bekommen wieder die Macht über uns.

Schauen wir uns ein beliebiges Unternehmen an. Auch hier werden Geschäftsziele formuliert die aber nach einiger Zeit ihre Kraft verlieren, obwohl sie mit einem großen Aufwand an Zeit und Manpower entwickelt wurden.

Wenn wir uns diese Ziele genauer anschauen, stellen wir fest, dass manche Ziele versteckte Wünsche sind. Darin besteht ein nicht zu unterschätzender Unterschied. Ziele werden erreicht indem wir uns auf die Suche nach dem besten Weg zu ihnen machen. Wünsche können erfüllt oder aber auch nicht erfüllt werden. Wenn wir Wünsche äußern sind wir von anderen Menschen abhängig, wir sind nicht Herr über unsere Vorgehensweise. Es liegt nicht mehr in unserer persönlichen Zuständigkeit und auch nicht mehr in unserer Verantwortung. Wenn ich überprüfen will ob meine Ziele ausgewogen sind, reicht es aus die Frage zu stellen: Liegt es in meiner Macht oder bin ich von Anderen abhängig? Mit den „Augen" des Unternehmens betrachtet: Liegt es in unserer alleinigen Macht das Ziel zu erreichen oder welche Umständen müssen wir berücksichtigen? Blicken wir mit NLP- Augen auf ein Ziel bekommen wir klare Kriterien für ein treffendes Ziel. Diese Kriterien sind unsere Richtschnur für unsere Zielformulierung. Sie bilden den Rahmen für ein wohlüberlegtes Ziel dass wir erreichen wollen.

NLP ist ziel-orientiert. Im NLP konzentriert man sich nicht auf die Probleme und ihre (vermeintlichen) Ursachen, sondern auf das Ziel. Das Ziel ist die Lösung für das Problem. Wenn ich mein Ziel fest vor Augen habe, fällt es mir leichter, alle Tätigkeit darauf auszurichten. Es geht nicht vorrangig um die Ursachen-Analyse von Problemen, sondern um die Konstruktion von Zielen und die Wege es zu erreichen, die ein Unternehmen für sich in Eigen-Kompetenz festlegt.

Ausgewogene Ziele

unterliegen der

(1) Eigen-Kompetenz. Ein Ziel muss so formuliert sein, dass nur solche Verhaltensweisen zu seinem Erreichen erforderlich sind, die die Person oder das Unternehmen, die das Ziel formuliert, selbst ausführen kann und will.

sind

(2) Positiv formuliert. Auf einer tiefen Ebene der unbewussten Verarbeitung von Informationen gibt es kein Nicht. Positiv formulierte Ziele schließen Negationen und Vergleiche aus.

sind

(3) Situations-spezifisch. Ziele sind konkret, auf einen genauen Umstand bezogen und keine vagen Wünsche, wie „Wir wünschen uns ein besseres Kommunikationsverhalten der Mitarbeiter.“

sind

(4) Sinnesspezifisch-konkret. Ziele enthalten ein genaues, sinnlich konkretes

Kriterium für ihre Erfüllung: Was muss ich sehen, hören, fühlen um zu wissen, dass unser Ziel erreicht ist?

(5) "Die Zieldefinition soll einen kurzen Feedbackbogen enthalten." d.h. das Eintreten des Zielzustands soll möglichst kurzfristig erkannt und bestätigt werden.

Anders formuliert:

Positiv	Formulieren Sie, was Sie wollen und nicht, was Sie nicht wollen.
Ökologisch	Klären Sie die Kosten und die Wirkung auf Beteiligte und Betroffene.
Sensorisch konkret	Die Zielformulierung ist so konkret, dass Sie den Zielzustand sehen, hören und spüren können. Einmal ein Ziel so erlebt, erhöht die Wahrscheinlichkeit der Zielerreichung enorm.
Individuell	Die Zielformulierung liegt in der Erreichbarkeit durch das Unternehmen.
Testbar	Woran werden Sie merken, dass Sie den Zielzustand erreichen oder sich von ihm entfernen?
Interessant	Formulieren sie in der Gegenwart und mit einer Bedeutung für Sie oder das Unternehmen

Visionär Weshalb soll dieses Ziel erreicht werden? Was ist das Ziel hinter dem Ziel?

Aus NLP-Lexikon.at / Das Persönlichkeits-Panorama –D. Blickhan

1.7 Eigene Stärken nutzen

NLP legt einen starken Fokus auf die eigenen Stärken und bewussten oder unbewussten Ressourcen bzw. Kompetenzen. Jeder Mensch trägt alles was er zur Lösung seiner aktuellen Schwierigkeiten benötigt in sich. Das bedeutet, wenn er sich seiner Kompetenzen und Ressourcen bewusst ist, er auch gleich die für ihn stimmigen Lösungsansätze parat hat.

Ressourcen und Kompetenzen bedeuten in diesem Zusammenhang, er kann auf Erfahrungen, Stärken und Fähigkeiten zugreifen und sie für sich nutzen.

Auf das Unternehmen übertragen bedeutet es, die Erfahrungen, Fähigkeiten und Stärken der Mitarbeiter zu nutzen.

In der Volkswirtschaftslehre werden die Ressourcen typischerweise mit Arbeit, Boden, Umwelt und Kapital als Produktionsfaktoren bezeichnet.

Der Soziologe Nan Lin definiert das (individuelle) soziale Kapital als mobilisierungsfähige, in der sozialen Struktur verwurzelte Ressource. Als positive Auswirkungen für das Individuum hebt er den gesteigerten Informationsfluss, den vergrößerten individuellen Einfluss, das soziale Netzwerk als ein soziales „Zeugnis" des Individuums und die soziale Unterstützung und Bestätigung hervor. Dabei spielen unter anderem die hierarchische Position (als struktureller Faktor) und die Stärke der Bindungen (als individueller Faktor) eine Rolle.

Die Organisationspsychologie und die Arbeitspsychologie befassen sich unter anderem mit der Bereitstellung von Ressourcen zur Erreichung von betrieblichen und persönlichen Zielen.

Auch die Work- Life- Balance wird unter dem Gesichtspunkt der Bereitstellung von Ressourcen betrachtet.

Als hierfür wesentliche Ressourcen werden vor allem Zeit, Geld und Entscheidungsspielräume genannt; hinzu kommen auch persönliche Ressourcen.

Zu letzteren werden alle dem Individuum verfügbaren physische, psychologische, emotionale und soziale Ressourcen gezählt.

NLP stellt zahlreiche Methoden und Prozesse zur Verfügung, die den Menschen darin unterstützen, auf seine Ressourcen zuzugreifen. Diese Methoden und Prozesse können auch für ein Unternehmen nutzbar gemacht werden.

Das Unternehmenspanorama ist ein Prozess, der den Blick auf die vorhandenen Ressourcen und Kompetenzen freimacht. Dieser Prozess ist so angelegt, dass die Werte, Überzeugungen, Fähigkeiten und das Verhalten auf eine umfassende Weise gesehen werden, so dass Abhängigkeiten und Möglichkeiten offen zu Tage treten und für den Erfolg des Unternehmens genutzt werden können.

Das Unternehmenspanorama ist somit auf eine besondere Weise sehr gut geeignet die derzeitige Unternehmenswirklichkeit und die gewollte Unternehmenswirklichkeit klar und deutlich hervor treten zu lassen.

2.1 Was ist das psychologische Modell der Persönlichkeit

Sowohl die Persönlichkeitsdefinition wie die Persönlichkeitstheorien könnten den irreführenden Eindruck erwecken, dass die Persönlichkeit ein statisches Gebilde ist. Bereits in früheren Kulturen hat man ihre Veränderlichkeit im Zeitablauf hervorgehoben. Der Philosoph Heraklit schrieb: „ In dieselben Flüsse steigen wir und steigen wir nicht, wir sind und wir sind nicht.“

In der Persönlichkeitspsychologie existieren unterschiedliche Auffassungen darüber, was unter Persönlichkeit zu verstehen ist. Nach einer Definition von Guilford steht der Begriff Persönlichkeit für eine einzigartige Struktur von relativ stabilen Persönlichkeitszügen einer Person, hinsichtlich derer sie sich von anderen unterscheidet. Zu diesen Strukturen zählen das Verhalten, die Fähigkeiten sowie Werte und Überzeugungen. Andere Autoren sehen zwar ebenso die Persönlichkeit als die Gesamtheit von relativ konstanten Unterschieden im Verhalten, beziehen sich jedoch darüber hinaus auf deren Ursachen und Wirkungen.

Es geht also darum, durch welche Umweltbedingungen eine Persönlichkeit (mit)geformt wird und welche Wirkungen sie auf die Umwelt hat.

Nun sprechen wir bei einem Unternehmen nicht von einer Persönlichkeit im herkömmlichen Sinne, sondern nennen es Unternehmensprofil oder Unternehmenskultur. Aber auch hier gibt es von Unternehmen zu Unternehmen eine eigene Struktur die nach Innen und Außen wirkt. Weil jedes Unternehmen auf Einflüsse in seiner eigene Weise reagiert oder auch nicht. Das eigene Unternehmen in allen seinen Aspekten zu verstehen, ist das Anliegen des Unternehmenspanoramas. Wenn wir das Unternehmen im Zusammenspiel mit den Marktteilnehmern sehen, dann wirkt es nach außen durch sein „ Profil“. Dieses „Unternehmensprofil“ zu entdecken und zu verstehen, bringt die Führungskräfte näher an die Unternehmenswirklichkeit heran. Dafür ist es hilfreich, sich das grundlegende Modell einer Persönlichkeit zu vergegenwärtigen. Der Berater sollte das Modell kennen, da es eine wesentliche Arbeitgrundlage für das Unternehmenspanorama ist, denn auch ein Unternehmen hat eine Persönlichkeit (ein Profil).

2.2 Wahrnehmung, Verarbeitung und Handeln

Wahrnehmung ist die unmittelbare Beziehung zu unserer Umwelt. Wir nehmen Reize durch unsere 5 Sinne auf. Dabei wird ein kleiner Teil bewusst und der größere Teil unbewusst aufgenommen und verarbeitet. In der Wahrnehmungspsychologie werden deshalb folgende Fragen gestellt: Wie verarbeiten unsere Sinne die ankommenden Reize? Wie werden Sinneseindrücke zu bewusstem Erleben? Welchen Stellenwert hat die Wahrnehmung in unserem Erleben und Verhalten?

Ein Blick auf die Wahrnehmungskette erleichtert das Verständnis wie Wahrnehmung funktioniert.

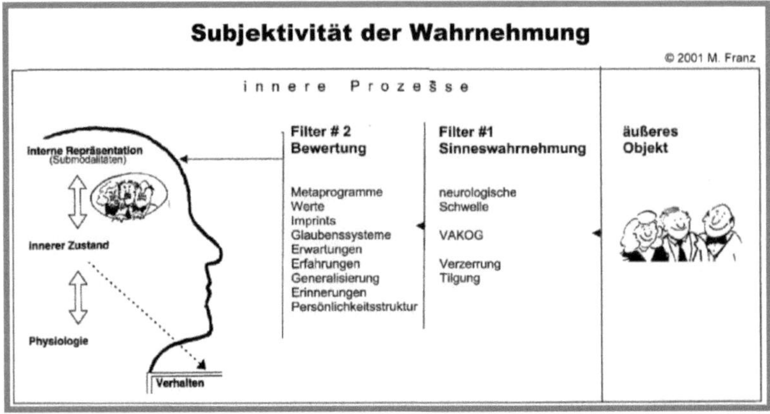

Wie in der Grafik gezeigt, durchlaufen die Informationen die wir aufnehmen eine ganze Reihe von Filtern. Diese Filter sind bei jedem Menschen anders ausgeprägt. Das Bedeutet, jeder Mensch wertet diese Informationen anders. Er weist ihnen auf Grund seiner Erfahrungen und seines Lernens eine Bedeutung zu, die sich von denen Anderer unterscheidet. Durch diese Bedeutungszuweisung wird sein Handeln geprägt. Nur durch Kommunikation kann eine Annäherung an die Sichtweisen anderer Menschen erfolgen und ist Verständigung möglich.

Das gleiche gilt auch für Unternehmen. Auch Unternehmen nehmen Informationen auf, die auf eine eigene Art und Weise gefiltert werden. Diesen Informationen wird eine Bedeutung zugewiesen, die dann als Grundlage für das weitere unternehmerische Handeln gilt. Ob dieses Handeln dann erfolgreich ist, zeigt sich in der weiteren mehr oder weniger erfolgreichen wirtschaftlichen Entwicklung.

2.3 Kann das psychologische Modell auf ein Unternehmen angewandt werden?

Auf den ersten Blick erscheint es abwegig, das psychologische Modell auf ein Unternehmen anzuwenden. Wenn wir aber darüber nachdenken, dass Unternehmen durch Menschen geprägt werden, ist dieser Gedanken nicht mehr so unbegründet.

Zum Verständnis, Unternehmen werden von Menschen betrieben, die ihre Persönlichkeit jeden Tag mit in das Unternehmen einbringen. Sie kommen mit Ihrem Verhalten, mit Ihren Fähigkeiten und mit Ihren Wertvorstellungen jeden Morgen in das Unternehmen. Sie prägen dadurch maßgeblich das Unternehmen.

Daraus ergibt sich die Möglichkeit das psychologische Modell auf Unternehmen anzuwenden und daraus Erkenntnisse für die weitere Arbeit zu gewinnen.

2.4 Wahrnehmungspositionen- ein weiterer Weg der Veränderung

Um eine Veränderung nachhaltig durchführen zu können, ist es notwendig, sich nicht nur in einer Wahrnehmungsposition zu bewegen. Wenn wir uns nur mit unserer üblichen Sichtweise dem Unternehmen und der Unternehmensumwelt zuwenden, werden wir nicht die Chance haben, Veränderungsmöglichkeiten zu entdecken. Es ist wichtig auch andere Positionen oder Sichtweisen in die Überlegungen einzubeziehen, um ein möglichst umfassendes Bild zur Verfügung zu haben. Sichtweisen, die in der Vergangenheit nicht oder nur unzureichend in Betracht gezogen worden sind.

Die verschiedenen Positionen, wie Mitarbeiter, Kunden, Lieferanten, Aufsichtsorgane und die „Öffentlichkeit" geben uns den notwendigen Einblick in das, was neben den Produkten, Abläufen usw. wichtig ist. Dadurch eröffnen sich für das Unternehmen vollkommen neue Betrachtungsweisen.

Diese Informationen aufzunehmen und zu bearbeiten, geben dem Unternehmen eine einzigartige Gelegenheit sich am Markt neu zu positionieren. Wobei wir hier den Markt als umfassendes Umfeld des Unternehmens sehen. Umfassendes Umfeld bedeutet, Mitarbeiter, Kunden, Lieferanten, Aufsichtsorgane und die „Öffentlichkeit". Dadurch wird das Unternehmen in seinem Auftreten innerhalb des Marktes einzigartig.

2.5 Wo liegen die Chancen?

Wenn Sie uns bis hierher in unseren Gedanken gefolgt sind, werden Sie erkennen dass die Chancen in einer umfassenden Betrachtung des Unternehmens und der Möglichkeit der Unternehmensentwicklung liegen. Sie bekommen einen neuen unverstellten Blick auf

Ihr Unternehmen. Sie erleben, wie Ihr Unternehmen im Wechselspiel mit den Abteilungen und dem Markt funktioniert. Sie sehen deutlich, welche Aufgaben vor Ihnen liegen, die Ihr Unternehmen nach vorne bringen werden, und welche Mittel und Wege Ihnen offen stehen, um eine konsequente Umsetzung durchzuführen. Sie haben die Möglichkeit, sehr strukturiert und konsequent einen Fahrplan für die Durchführung der anstehenden Anforderungen zu entwerfen und auch durchzuführen. Das erleichtert die Unternehmensplanung und erleichtert ebenfalls das Einstellen auf neue Situationen und Marktveränderungen.

Durch die konsequente Einbindung der Mitarbeiter in diesen Prozess, wird ein intensives Gefühl des Miteinanders erzeugt. Die Identifikation der Mitarbeiter mit dem Unternehmen steigt und wird gefestigt.

Nicht zuletzt findet eine nachhaltig verbesserte Kommunikation innerhalb des Unternehmens statt.

Das alles hat natürlich auch Auswirkungen auf das Betriebsklima und macht Ihr Unternehmen als Arbeitgeber und Geschäftspartner attraktiv und erfolgreich.

3. Wie wird gearbeitet?

Das Unternehmenspanorama ist ein Prozess der sich in 5 Teilaspekte aufteilt. Jeder Aspekt beschäftigt sich intensiv mit dem Unternehmen. Das gibt es auch in anderen Beratungswerkzeugen, die aber nicht in dieser Ausführlichkeit und Tiefe das Unternehmen betrachten. Im Unterschied zu anderen Beratungswerkzeugen werden im Unternehmenspanorama auch Verbindungen und Abhängigkeiten deutlich.

Im ersten Schritt wird, wenn gewünscht, dieser Prozess mit der erweiterten Unternehmensführung durchgeführt. Im Übrigen lässt sich das Unternehmenspanorama ohne weiteres auch für Bereiche und Abteilungen durchführen.

Die durchstrukturierte Arbeit in und mit dem Unternehmenspanorama ist durch sehr intensive offene Gespräche und Diskussionen geprägt und benötigt einen Zeitrahmen von 3 Tagen.

Folgende Punkte werden hierbei einer genauen Betrachtung unterzogen,

1. Ziele des Unternehmens
2. Struktur der Beziehungen innerhalb des Unternehmens
3. Das (psychologische) Modell des Unternehmens
4. Was hat sich in der Struktur der Beziehungen verändert?
5. Welches Ziel(e) haben wir jetzt?

Aus den Ergebnissen dieser Arbeit ergeben sich eine ganze Reihe von Aufgaben die zu bearbeiten sind.

3.1 Ziele des Unternehmens erarbeiten

Für den Einen oder Anderen scheint diese Aufgabe einfach und banal. Schließlich werden im Unternehmen jedes Jahr Ziele für das nächste Jahr erarbeitet. Also nichts Neues. Wenn wir allerdings nach dem Zielerfolg fragen, sieht es ein wenig anders aus. In der Regel werden die festgeschriebenen Ziele nicht oder nicht voll umfänglich erreicht.

Ein jeder kennt das Phänomen der guten Vorsätze oder Ziele die am Jahresende für das folgende Jahr artikuliert werden. Leider gibt es dann auch immer wieder die Aussage „ Ich hatte das Ziel, habe es aber nicht erreicht". Und dann folgen gute Gründe weshalb diese Ziele nicht erreicht wurden.

Genau wie im privaten Leben gibt es bei den Unternehmen gute Gründe weshalb die festgeschriebenen Ziele nicht erreicht wurden.

Die Aufgabe besteht jetzt darin, dass jeder der Beteiligten Ziele oder ein Ziel formuliert, die es zu erreichen gilt. Für den Einen oder Anderen mag es am Anfang mit dieser Aufgabe einige Schwierigkeiten geben. In der Regel formulieren wir in der Art und Weise indem wir sagen was wir nicht wollen. Da das Gehirn „nicht" nicht verarbeitet – denken Sie bitte nicht an einen rosa Elefanten- bleibt alles beim Alten. Wenn wir also unsere Ziele wie folgt formulieren:„Ich will im nächsten Jahr nicht mehr rauchen, nicht mehr soviel essen usw." ist es kein Wunder, dass wir unsere Ziele nicht erreichen.

Die Beteiligten werden also gebeten und es wird darauf geachtet, dass Sie Ihre Ziele so formulieren, wie ausgewogene Ziele ausgearbeitet werden.

Weiter oben haben wir beschrieben wie ausgewogene Ziele gestaltet werden.

Diese möglicherweise unterschiedlichen Ziele werden eingehend besprochen und diskutiert.

Danach erfolgt aus diesen Zielen die Formulierung des Unternehmensziels. Es muss nicht notwendiger Weise ein betriebswirtschaftliches Ziel sein. Anschließend wird die Frage nach dem Ziel hinter diesem Ziel bearbeitet. Weshalb wollen wir dieses Ziel erreichen? Was ist der übergeordnete Grund dafür?

Diese Diskussion schärft das Verständnis für die gefundene Zieldefinition und klärt weshalb dieses Ziel so definiert wurde.

3.2 Der „Aha" –Effekt, die systemische, organisatorische Struktur

Basierend auf den fundierten Forschungen von Dr. Lukas Derks mit dem „Spiel sozialer Beziehungen" zwischen den Individuen, wird die vorerst unsichtbare innere und äußere kognitive Struktur des Unternehmens für jeden sichtbar gemacht.
Das Gefüge wird durch mentale Bilder, die jeder in sich trägt, fassbar. In fast allen Fällen im Unbewußten. Hier ergibt sich auf leichte und doch sehr effiziente Weise die Möglichkeit der Einflussnahme auf unsere Gedanken- und Empfindungsstruktur.

Diese Strukturen greifen, egal ob es ein Gegenstand, eine Person oder ein ganzes Unternehmen ist. Jedem Gegenstand, jeder Person und jedem Unternehmen werden bestimmte Eigenschaften zugewiesen. Wir kennen Personen, die uns besser liegen und andere, welche uns noch besser liegen, Computer die wir manchmal hassen und manchmal lieben, Abteilungen in unserem Unternehmen, mit welchen wir besonders gut zusammenarbeiten, mit anderen jedoch wieder nicht.
Dieses Denken, aufbauend auf unseren persönlichen Erfahrungen, bestimmt unser Bild des Gegenübers. Genau diese Bildvorstellungen beeinflussen unser Erleben und unser Handeln.

Wie und wo sehe, oder besser gesagt fühle ich mein Gegenüber in meiner Vorstellung? Bin ich ihm gegenüber negativ, neutral oder positiv eingestellt? Sie kennen das bereits. Denken Sie nur einmal an eine Person, der Sie sehr nahe stehen. Machen Sie ruhig einmal die Augen zu und gönnen Sie sich ein paar Gedanken. Denn nichts anders ist es. Es sind Empfindungen. Wie stehen Sie zu dieser Person? Wahrscheinlich fühlen Sie diese Person sehr nah, obgleich sie möglicherweise in tatsächlichen Metern weit entfernt ist. Das funktioniert auch bei Personen, die sich im Augenblick Ihrer Gedanken an Sie, tatsächlich auf der anderen Seite der Erdhalbkugel befinden.
Was Sie jetzt gemacht haben, ist sich eine Repräsentation dieser Person in ihren Gedanken zu schaffen. Beeinflusst wird dadurch die interpersonelle Wahrnehmung, die eine enorme Auswirkung auf unser Verhalten hat.

Leider wird dieses Potenzial zu selten genutzt.

Meistens wird diese Wahrnehmung für selbstverständlich gehalten und mit keiner weiteren Aufmerksamkeit bedacht. Zum anderen liegt es am inneren Widerstand. Man lässt sich nicht so einfach von dem, was man bisher geglaubt, gewünscht oder gefürchtet hat, abbringen. Wir befinden uns ständig in einer Netzstruktur unserer Umwelt, die wir durch eigenes Empfinden definieren. Durch dieses „ selbstkonstruierte" Gebilde – auf Grund unseren individuellen und unterschiedlichsten Erfahrungen.-.ist es auch möglich den Prozess in umgekehrter Richtung zu durchlaufen. Die als problematisch empfundenen und für uns hinderlichen Modalitäten, können durch uns - und nur durch uns selbst - beeinflusst und verändert werden.

Das Beispiel der nahe stehenden Person lässt sich leicht in den Business-Kontext übertragen. Das heißt, die unbewussten mentalen Konstruktionen können für jeden Geschäftsbereich detailliert untersucht werden. Durch dieses Sichtbarmachen der inneren Strukturen werden eine Vielzahl von neuen Handlungsoptionen für Unternehmens- und Führungskultur sowie die Unternehmenskommunikation eröffnet. Zudem wird es möglich Gruppenphänomene des Unternehmens und der einzelnen Abteilungen zu analysieren.

Warum sehen wir also unser Unternehmen nicht ganz bewusst als Person?
Nehmen Sie sich die Zeit und „Personifizieren“ Sie Ihr Unternehmen.
Wie sehen Sie es?
Wo und wie fühlen Sie es?
Wie ist Ihre Beziehung zu Ihrem personifizierten Unternehmen?
Wie behandeln Sie es?

Wenn Sie sich nun noch bewusst machen aus was Ihr Unternehmen – neben den Sachwerten- besteht, nämlich aus all den Mitarbeitern und Führungskräften, bekommen Sie möglicherweise eine andere Beziehung zu Ihrem Unternehmen. Sie können die sozialen Strukturen innerhalb des Unternehmens und wahrscheinlich auch die sozialen Strukturen, die nach Außen führen, erkennen.
Welche Außenwirkung hat Ihr Unternehmen tatsächlich in seinem Umfeld?

Was bedeutet das nun für unsere Betrachtungsweise Ihres Unternehmens?
Manchmal wird vergessen aus was ein Unternehmen besteht. Es ist nichts anderes als ein Team, ein soziales Gebilde, mit einzelnen Mitgliedern. Im Falle des Unternehmens wird es in der inneren Sicht aus den einzelnen Mitarbeitern bestehen, die wiederum in unterschiedlichen Abteilungen und Hierarchieebenen wiederzufinden sind. In der Sicht nach außen besteht es wie schon zu Beginn erwähnt aus Kunden, Lieferanten, Partnerunternehmen....
Es ist ein lebender Organismus!

Alles hat einen Ursprung – nämlich das Individuum.

Da es jedoch für uns nicht einfach ist jede einzelne, mit ihrem Unternehmen in Beziehung stehende Person abzubilden, braucht es das Instrument der Induktion. Es werden einzelne Individuen zu Kategorien geclustert und organisiert – dennoch bleiben sie als Individuen erkennbar. Es wird zum Beispiel die Gruppe der Zulieferer gebildet oder die Controlling-Abteilung und jeder einzelne Zulieferer und Controller ist repräsentiert und präsent.
Wenn also das soziale Gebilde „das Unternehmen“ nicht funktioniert, muss irgendwo eine „Fehlfunktion“ eines Individuums vorliegen, das ein reibungsloses Zusammenspiel verhindert. Betrachten wir nun den Sinn des Wortes *reibungslos:* ohne Reibung. Ein Individuum (oder mehrere) erzeugen vermeintlich Reibung. (In diesem Fall ist Reibung als

Konflikt zu verstehen.) Konflikte, gleich welchen Ursprungs, werden sichtbar. Es muss ebenso beachtet werden, dass auch hervorragend arbeitende Teams sich abbilden.
Zeit zur Reaktion!

Durch die besondere Methode des Unternehmenspanoramas, werden genau diese Unternehmensstrukturen sichtbar und vor allen Dingen erlebbar gemacht.
Was läuft wo, wie und warum? Hier muss genauer hingesehen werden. Eine rhetorische Frage drängt sich auf: "Können wir die sich abzeichnenden Verhaltensweise für unser Unternehmen nutzen?"
Oder ist es so, dass wir das Unternehmen gar nicht als *unser* Unternehmen wiedererkennen? Jeder Mitarbeiter ist ein Teil des Unternehmens. Jeder Einzelne prägt das Bild des Unternehmens mit – und genau das ist vielen nicht immer bewusst.
Das Bild von ineinandergreifenden Zahnrädern hilft dabei. Bei manchen knirscht es ordentlich. Vielleicht muss nur eine minimale Korrektur der Abstände erfolgen oder die Übersetzung ist nicht genau berechnet, möglicherweise fehlt auch nur ein dünner Film Schmiermittel.

Die Struktur des Beziehungsgeflechts

„Fehlfunktionen" dürfen wir als Hinweise verstehen. Sie machen uns aufmerksam wo etwas noch nicht reibungslos abläuft und geben uns so die Gelegenheit etwas zu verändern. Oft sind nur kleine Korrekturen nötig, denn wenn es von Grund auf eine Fehlkonstruktion wäre, würde die Maschine (das Unternehmen) überhaupt nicht laufen.

Nun aber zurück von unserer Metapher der Zahnradmaschine zu unserem Unternehmen.
Der Meinung zu sein, alle Mitarbeiter (oder Vertreter der einzelnen Teams und Führungsebenen) an einen Tisch zu bitten und damit eine Veränderung der Einstellung

jedes Einzelnen zu erreichen ist naiv. Ebenso macht es wenig Sinn dem Einzelnen beizubringen wie er zu denken hat und welches Bild er von den Anderen haben soll.
Wie kann das Unternehmen nun dargestellt werden?
Beim Unternehmenspanorama sind in der Regel einflussreiche Mitglieder der einzelnen Gruppen vertreten. Hier ist es sehr wichtig darauf hinzuweisen, dass es unabdingbar ist, das Ergebnis durch eben diese einflussreichen Vertreter den anderen weniger einflussreichen Mitgliedern zu vermitteln. Denn es ist nicht damit getan nur einer Handvoll Mitarbeiter des Unternehmens ein verbessertes Unternehmenspanorama zu gönnen. Die Aufgabe jedes Einzelnen ist anschließend diese einflussreichen Mitglieder dazu anzuregen oder dass sie sich besser selbst den Auftrag geben, die neugewonnen Erkenntnisse weiterzutragen und sie so ihre soziale Macht im Unternehmen verantwortungsvoll anwenden.

Gearbeitet wird mit den universellen Mustern, wie sie im allgemeinem jedem Menschen geläufig scheinen.

Eine Auswahl dieser Muster mit denen im sozialen Panorama gearbeitet wird:
(Auszug aus L. Derks „Das Spiel sozialer Beziehungen“ S. 227)

- Die Intensität der Gefühle nimmt mit der Entfernung ab.
- Personifikationen, die nah beisammen gesehen werden, werden auch als zusammengehörig empfunden.
- Personifikationen, die einander außerhalb des vertrauten Kreises gegenüberstehen, haben Konflikte. Stehen sie einander innerhalb des vertrauten Kreises gegenüber, so bedeutet dies tiefe Zuneigung.
- Personifikationen, die um 180° voneinander abgewandt sind, haben die Kommunikation abgebrochen.
- Personifikationen, die in die gleiche Richtung blicken, leben miteinander in Frieden.
- Personifikationen, die hinter einander und diesen zugewandt stehen, unterstützen diese.
- Größe entspricht dem Status.

Auf den Punkt gebracht geht es bei dieser Arbeit darum, wie und wo wir die anderen an dem Unternehmenspanorama Beteiligten empfinden.

Zunächst müssen alle am Unternehmen Beteiligten vertreten sein. Zwar kann man auch mit Repräsentanten arbeiten, jedoch für den Zweck des Unternehmenspanoramas ist es von Vorteil, wirklich alle Beteiligten an der Arbeit teilhaben zu lassen.

Und das ist hier wörtlich gemeint. Denn im Unternehmensalltag sind sie alle ein Baustein, die zum Unternehmensergebnis ihren Teil beitragen. Nach einer sorgfältigen Einführung in die Details der Arbeitsweise und selbstverständlich der genauen Definition des Ziels dieser Arbeit, wird jeder Teilnehmer seinen Platz im Panorama suchen und nach kurzer Zeit finden. Hier werden schon die ersten Überraschungen für den Einen oder Anderen zu Tage treten. Wichtig ist es, diesen Platz frei von verstandesmäßigen Entscheidungen zu treffen, sondern wirklich das Bauchgefühl vorne anzustellen. Während des gesamten Prozesses gilt: So etwas wie eine objektive Wahrheit gibt es nicht. Damit ist gemeint, dass man den jeweiligen Standort des Einzelnen (auch das ist wieder wörtlich zu nehmen) von mehreren Seiten betrachten kann. Jeder sieht die Situation etwas anders – je nach Blickwinkel. Jedoch gelingt das nach der sorgfältigen Vorbereitung der Beteiligten durch den Moderator auf diese Arbeit sehr leicht. Jedes Teammitglied wird der Reihe nach in das Panorama eingebunden. Dies kann einige Zeit in Anspruch nehmen. Denn seien Sie sich sicher, dass nicht jeder an dem Platz steht, an dem Sie es vermuten würden oder wo Sie ihn gerne sehen würden. Denn jede Veränderung eines Individuums zieht häufig eine Veränderung auch bei den anderen Teilnehmern nach sich. Man kann es sich wie bei einem Mobile vorstellen. Wird ein Teil verändert hat das auf das gesamte Konstrukt des Mobiles eine Auswirkung. Da es aber nicht ihr Abbild des Unternehmens ist, sondern eben aller beteiligten Elemente, wird automatisch ein wunderbarer Blick auf die momentane Struktur der Arbeitsbeziehung eröffnet. Bei dieser Arbeit wird der Gruppe sehr deutlich was einer Veränderung bedarf um in eine ideale Struktur verwandelt zu werden. Ohne viele Worte wird es offensichtlich (im wahrsten Sinn des Wortes) und ist für alle einsichtig.

Es lohnt sich also, die Muster im Sozialverhalten eines Unternehmens zu kennen, wenn man mit den Mitgliedern kommunizieren will.

Der Mehrwert daraus ist:
Für beide Seiten wird eine sichere und zielorientierte Atmosphäre für die unabdingbare Kommunikation geschaffen.

Dieses, mit der systemisch-organisatorischen Struktur, sichtbar gewordene Bild ist nun ein weiterer Teil in der Arbeit für das gesamte Unternehmenspanoramas.

3.3 Wie kommen wir zu einem gemeinsamen Unternehmenspanorama?

Das Wesentliche an der Arbeit mit dem Unternehmenspanorama ist, ein gemeinsames Unternehmenspanorama zu entwickeln. Grundlagen hierfür sind die folgenden Voraussetzungen:

Offenheit

- der Methode gegenüber
- sich selbst gegenüber
- für eine durchgängige Teilnahme der Beteiligten
- für eine Gleichwertigkeit der Beteiligten
- für den notwendigen Zeitrahmen
- für das erreichte Ergebnis
- für die daraus resultierenden Aufgaben

Wie oben schon erwähnt, ist es sinnvoll dass an der Durchführung des **Unternehmenspanoramas** die Geschäftsleitung sowie der erweiterte Führungskreis teilnehmen.

3.4 Jeder entwickelt sein Unternehmenspanorama

Wie oben bereits erwähnt bringt jeder Mitarbeiter sein Verhalten, seine Fähigkeiten und seine Überzeugungen mit in das Unternehmen. Er gibt sie nicht mit seinem Mantel an der Garderobe ab, sondern lebt sie im Unternehmen und gestaltet so das Unternehmen mit. Deshalb ist es angebracht, dass jeder der an der Arbeit Beteiligten sein eigenes Panorama des Unternehmens entwickelt. So wird eine Vielzahl von Unternehmenspanoramen entwickelt, die die ganze Bandbreite der Sichtweisen der Mitarbeiter darlegt. Das Unternehmenspanorama wird in insgesamt 7 Schritten entwickelt.

3.5 Informationen sammeln

Die Beteiligten werden gebeten – in Zweiergruppen- sich gegenseitig zu den psychologischen Ebenen zu interviewen. Das bedeutet, Fragen zu den einzelnen Ebenen zu stellen, die sich natürlich auf die derzeitige Unternehmenswirklichkeit beziehen.

Die Ebenen bauen, genau wie bei der Maslowschen Bedürfnispyramide, aufeinander

auf.

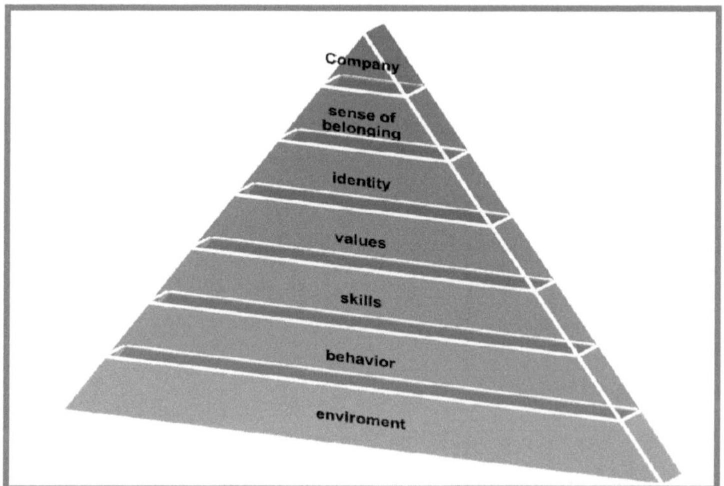

Mögliche Fragen können folgendermaßen lauten:

Umwelt/Kontext

In welchem unternehmerischen Umfeld sind wir vertreten?
Was ist unser Markt?
Was ist außer unserem Markt noch unser Umfeld?
Wann sind wir in den einzelnen Kontexten vertreten?

Verhalten

Was tun wir?

Wie verhalten wir uns in den einzelnen Bereichen?

Wie sehen unsere Mitarbeiter, Kunden, Geschäftspartner und die Umwelt das Unternehmen?

Wie sehen befreundete Unternehmen unser Unternehmen?

Was könnte ein Reporter über unser Unternehmen schreiben?

Fähigkeiten

Was können wir gut?

Welche Fähigkeiten setzen wir dafür ein?

Wo und wie wollen wir uns weiterentwickeln?

Was möchten wir noch lernen?

Was haben wir schon gelernt?

Welche Fähigkeiten werden an uns geschätzt?

Was sind unsere Stärken?

Wie möchten wir unsere Ziele erreichen?

Womit wollen und werden wir unsere Ziele erreichen?

Welche Strategien wenden wir in diesem Zusammenhang an?

Werte/ Überzeugungen

Was sind unsere maßgeblichen Überzeugungen

Was ist uns im Rahmen unserer Geschäftstätigkeit wichtig?

Wofür setzen wir uns ein?

Was ist uns das wert?

Was motiviert uns als Unternehmen/ was treibt uns an/ lässt uns weitergehen?

Woran glauben wir als Unternehmen?

Was möchten wir anderen vermitteln?

Was zählt für uns?

Was möchten wir verwirklichen?

Welche Einstellungen haben wir unseren Mitarbeitern, den Kunden, unserem Geschäft und den Mitbewerbern gegenüber?

Identität

Was ist der Kern unserer Unternehmensidentität?
Wer oder Was sind wir in diesem Bereich?
Was gehört zu uns?
Wie wissen wir, was unsere Einzigartigkeit ausmacht?
Wenn andere uns beschreiben, mit welcher Metapher würden sie das tun?
Welches Selbstbild haben wir?

Zugehörigkeit

Welche Vision steht hinter unserem Unternehmensbild, hinter unseren Zielen?
Wem fühlen wir uns in diesem Zusammenhang verbunden?
Woran orientieren wir uns als Unternehmen?
Wofür noch, letztendlich?

Diese Fragen sind natürlich nur beispielhaft aufgeführt, geben aber einen guten Einblick in das Unternehmen.
Im Rahmen des Interviews schreibt der Interviewte dann Schlüsselwörter auf eine Moderationskarte und hat sie so für das Unternehmenspanorama verfügbar. Da jeder Ebene eine Farbe zugeordnet wird, die sich natürlich in den Karten wiederfindet, ist eine Unterscheidung der einzelnen Ebenen leicht durchführbar. So gibt jeder auf seine Art ein Abbild wie Er oder Sie das Unternehmen sieht und erlebt.

3.6 Schlüsselwörter den Ebenen zuordnen

Nachdem das Interview durchgeführt und die Karten geschrieben wurden, werden sie von dem Klienten den einzelnen Ebenen zugeordnet. Also welche Karte gehört sinnvoller Weise in welche Ebene und weshalb legt er sie- sinnvollerweise auf den Fußboden-dorthin. Aus dem Legen der Karten werden Abhängigkeiten deutlich sichtbar. Zusammenhänge werden gesehen und verständlich. Dabei kann es passieren dass manche Schlüsselwörter mehreren Ebenen zugeordnet werden.

3.7 Räumliches sortieren

Wie oben schon erwähnt werden die Moderationskarten auf den Boden gelegt und bieten einen guten Überblick. In dieser Stufe der Arbeit ist es nur wichtig, die Karten den verschiedenen Ebenen zuzuordnen. Alle Karten der Umwelt in die Ebene Umwelt. Alle Karten des Verhalten in die Ebene des Verhalten usw.

So entsteht ein Bild des Unternehmens das zunächst ein wenig ungeordnet erscheint. Möglicherweise sind die einzelnen Stufen unabhängig voneinander im Raum verteilt. Eine Verbindung ist noch nicht zu erkennen. Im Verlauf der Arbeit bekommt das Bild aber eine Struktur und eine Verbindung der einzelnen Ebenen.

3.8 Inhaltliches sortieren

Nachdem die Karten den einzelnen Ebenen räumlich zugeordnet worden sind, geht es an die inhaltliche Zuordnung. Welche Karten gehören aufgrund ihrer Gemeinsamkeit zueinander? In welcher Beziehung stehen sie zueinander? Gibt es noch sinnvolle Ergänzungen, die aufgeschrieben werden sollten? Welche Karten beinhalten eine negative Aussage und weshalb werden sie als negativ bewertet?

Diese so bewerteten Karten werden gekennzeichnet und stehen somit für eine weitere Bearbeitung zur Verfügung.

Nach und nach ergibt sich auf dem Boden ein Abbild des Unternehmens wie es von dem einzelnen Mitarbeiter gesehen und erlebt wird. Er hat ein gutes Bild seines Unternehmens gelegt und hat tatsächlich einen guten Blick darauf.

3.9 Inhalte bearbeiten

Mit diesem Überblick, quasi aus der Vogelperspektive, schaut er sich die Inhalte der einzelnen Karten an. Daraus entwickelt er Vorgehensweisen und Aufgabe die zu erledigen sind. Manche Karten beschreiben eindeutig die Situation des Verhaltens oder der Fähigkeiten usw.. Andere sind mehrdeutig und bedürfen der Interpretation. Wiederum andere Karten scheinen eine negative Aussage zu beinhalten, wollen aber nur wahrgenommen und überarbeitet werden.

3.10 Abstand gewinnen

Ist diese Arbeit beendet, werden unterschiedliche Wahrnehmungspositionen- räumliche Standpunkte- eingenommen. Das Bild des Unternehmenspanoramas wird aus verschiedenen Blickfeldern betrachtet um so zu weiteren Erkenntnissen zu kommen.
Diese Vorgehensweise ist sehr intensiv und fordert von dem Klienten (Mitarbeiter) seine ganze Aufmerksamkeit. Zusammenhänge werden deutlich, Abhängigkeiten treten offen zu Tage. Das Unternehmen wird in seiner Gesamtheit neu erfahren und gesehen. So manches Aha- Erlebnis vermittelt dem Klienten (Mitarbeiter) ein anderes Verständnis der Verbindungen sowie Abhängigkeiten und Herausforderungen.

3.11 Gemeinsam schaffen wir etwas Neues

Der nächste Schritt ist eine Herausforderung für die Beteiligten. Sie begegnen sich auf eine andere, für manche ungewohnte Art und Weise. Es findet möglicherweise zum ersten Mal eine tatsächliche offene und intensive Diskussion statt. In diesem Stadium geht es darum sich voll auf jeden Beteiligten einzulassen, aufmerksam zuzuhören und Bewertungen zu unterlassen. Es ist auch die größte Herausforderung für die Begleiter in diesem Prozess. Sinnvollerweise sind, nach Anzahl der Beteiligten (7- 12 Teilnehmer), mindestens 2 – 3 Begleiter anwesend. Ihre Aufgabe besteht darin den Prozess störungsfrei durchzuführen. Gerade in diesem Bereich ist es besonders wichtig darauf zu achten, dass keine Form der Machtausübung erfolgt, weil sonst die Gefahr der Verfälschung des Ergebnisses möglich ist.

3.12 Die einzelnen Unternehmenspanoramen werden erläutert und zusammengeführt

Jetzt hat jeder der Teilnehmer die Gelegenheit sein Unternehmenspanorama zu erklären. Weshalb habe ich gerade diese Karten geschrieben? Was war der Grund dafür? Aus welchen Gründen habe ich die Karten so gelegt wie sie liegen?
Welche Zusammenhänge will ich damit darstellen? Was waren meine Überlegungen dazu? Welche Erkenntnisse habe ich daraus gewonnen? Was sind meine Schlussfolgerungen?
Natürlich dürfen in dieser Situation Fragen gestellt werden. Es dürfen aber nur Verständnisfragen sein, da bewertende Fragen den gewollten Prozess stören.

Nachdem jeder in dieser Art sein Unternehmenspanorama erläutert hat, geht es an den nächsten Schritt.

3.13 Das gemeinsame Unternehmenspanorama wird entwickelt

Da nun mehrere Unternehmenspanoramen vorliegen, besteht die Aufgabe darin, sich die einzelnen auf den Karten geschriebenen Schlüsselwörter anzusehen. Welche Karten sind gleich, wo ergeben sich Unterschiede? Welche Karten werden als mit einer negativen Aussage behaftet gesehen? Wie können sie in einem anderen Bezugsrahmen gesehen werden? Wie können die Karten für das nun zu entwickelnde Unternehmenspanorama verwendet werden?

Das Ziel vor Augen, ein gemeinsames Unternehmenspanorama zu entwickeln, spornt die Beteiligten natürlich an.

Die daraus entstehenden Diskussionen sind sehr fruchtbar.

3.14 Schlüsselwörter den Ebenen zuordnen

Rufen wir uns noch einmal die psychologischen Ebenen in unser Gedächtnis.

Die Karten sind für die Unternehmensumwelt, Verhalten, Fähigkeiten, Werte/Überzeugungen, Unternehmensidentität und die Zugehörigkeit geschrieben worden. Genau wie bei den einzelnen Unternehmenspanoramen sind die gemeinsamen Karten, nach ihren Schlüsselwörtern, den Ebenen zuzuordnen. Aus

Erfahrung wissen wir, dass auch hier, wie in den nächsten Schritten, sehr intensiv diskutiert wird. Diese Diskussion ist richtig und auch wichtig, da allen Beteiligten noch einmal deutlich wird, was jeden Einzelnen von Ihnen antreibt, wie er das Unternehmen erlebt und sieht (derzeitiger Ist-Zustand). Dadurch wird das Verständnis füreinander gefördert und es hat natürlich auch Auswirkungen auf das Kommunikationsverhalten jedes Einzelnen.

3.15 Räumliches sortieren

Wie schon bei den einzelnen Unternehmenspanoramen, erfolgt in diesem Schritt die räumliche Zuordnung der Karten. Jeder legt seine Karten in die einzelnen Ebenen. Hierbei ist darauf zu achten, dass keine „fremden Karten" bewegt werden. Ausnahme: die Erlaubnis hierzu ist gegeben worden. Wie vorne schon erwähnt finden sich die Farben der Ebenen auf den Karten wieder, sodass eine räumliche Zuordnung leicht fällt.
Wichtig bei der Platzierung der Karten ist das Erläutern des eigenen Tuns. Weshalb lege ich meine Karte an diesem Platz? Was sind meine Überlegungen dazu? Wo sehe ich Abhängigkeiten und Zusammenhänge?
Für diesen Prozess ist den Beteiligten ausreichend Zeit zu geben, da die eigentliche und wichtige Arbeit innerhalb des Prozesses im Unternehmenspanorama geleistet wird.
Dieses Erläutern des eigenen Tuns vollzieht sich jetzt innerhalb der weiteren Schritte des Unternehmenspanoramas.
So entsteht ein erstes Bild des Unternehmenspanoramas. Ein erstes Bild deshalb, weil sich im Laufe der weiteren Arbeit das Bild weiterentwickeln wird.

3.16 Inhaltliches sortieren

Das inhaltliche Sortieren wird sich auf Grund der vorhergegangenen Erfahrung leichter durchführen lassen. Gleiche Karten werden zusammengelegt, Beziehungen innerhalb der Karten aufgedeckt und durch erneutes legen deutlich gemacht. So verändert sich das Unternehmenspanorama im Laufe der Arbeit. Am Ende liegt ein neues Unternehmenspanorama vor den Beteiligten, zu dem jeder der Teilnehmer seine Zustimmung gibt. Es ist ein Bild dass die derzeitige Situation des Unternehmens so beschreibt, wie die Teilnehmer es in Ihrer täglichen Arbeit erleben.
Es ist sehr gut nachvollziehbar dass gerade dieser Teil der gemeinsamen Arbeit für alle Beteiligten eine Flut von Informationen und neuen Erkenntnisse bereithält. Die Aufgaben der Begleiter wandeln sich bei dieser Arbeit. Sie haben darauf zu achten dass jeder mit dem Ergebnis der Legung zufrieden ist. Vielleicht ist auch zu rechten Zeit eine Pause einzulegen um den Teilnehmern etwas Ruhe zu gönnen.
Denn gerade dieses gemeinsame inhaltliche Sortieren fordert von den Beteiligten ein Höchstmass an Aufmerksamkeit und Konzentration.
Wenn dieses inhaltliche Sortieren zur Zufriedenheit abgeschlossen ist, alle Teilnehmer mit dem Bild einverstanden sind, geht es zu dem nächsten wichtigen Schritt.

3.17 Inhalte bearbeiten

Die Karten sind den einzelnen Ebenen zugeordnet worden, das derzeitige Bild des Unternehmens liegt vor den Teilnehmern und kann zur weiteren Arbeit genutzt werden.
Ein weiterer spannender Aspekt wartet auf die Teilnehmer.
Was sagt dieses Bild über das Unternehmen aus?
Was bedeuten die Wörter auf den Karten für unsere Arbeit?
Welche Rückschlüsse lassen sich daraus ziehen?
Wie sind wir in unserer Umwelt positioniert? Gibt es Teile die wir als Unternehmen noch nicht beachtet haben?
Ist unser Verhalten das, von der Unternehmensumwelt oder besser den Kontexten in denen wir uns bewegen, erlebt wird adäquat?
Haben wir die notwendigen Fähigkeiten dazu oder ist es sinnvoll neue Fähigkeiten zu erlernen?
Benötigen wir diese Fähigkeiten im ganzen Unternehmen oder nur an bestimmten Stellen?
Wenn ja, welche Fähigkeiten sollen es sein?
Wie und wo können wir uns diese Fähigkeiten aneignen?
So werden die Karten in allen Ebenen bearbeitet und durch die gemeinsame Diskussion, werden Rückschlüsse auf die weitere Vorgehensweise gezogen. Daraus ergibt sich eine Handlungsanweisung für die Maßnahmen die dann durchgeführt werden sollen.

3.18 Abstand gewinnen

Wie schon bei den einzeln gelegten Unternehmenspanoramen nehmen die Teilnehmer dann unterschiedlich Betrachtungspositionen ein. Es wird aus unterschiedlichen Blickwinkeln das Unternehmenspanorama in Augenschein genommen und endgültig verabschiedet. Zur Dokumentation des erreichten Ergebnisses werden Fotos gemacht, die dem Unternehmen zur Verfügung gestellt werden. So kann jederzeit darauf zurück gegriffen werden.

3.19 Was hat sich verändert

Die anschließende Diskussion lässt Raum für eine Reflektion der geleisteten Arbeit. Wie haben die Teilnehmer ihre Zusammenarbeit erlebt und welche Konsequenzen ergeben sich daraus für die alltägliche Arbeit im Unternehmen? Welche Veränderungen ergeben sich für den Einzelnen aber auch für das Unternehmen? Wie und in welchem Maße sollen diese Veränderungen durchgeführt werden?

4. Auf ein Neues

Wir glauben, dass jedem klar geworden ist, dass durch die intensive gemeinsame Arbeit, Veränderungen stattfinden werden. Drei Tage, die angefüllt sind mit tiefgehenden Diskussionen und der Beschäftigung mit dem Unternehmen, hinterlassen auch im Denken der Beteiligten ihre positiven Spuren. Diskussionen, Gespräche und das Verständnis für die Beweggründe der einzelnen Teilnehmer bringen eine andere, neue positive Gesprächskultur hervor. Durch die erneute Aufstellung der Beziehungsstruktur und ein nochmaliges überprüfen der Zieldefinition wird den Beteiligten das Wesen dieser Veränderung deutlich vor Augen geführt. Es ist wichtig, sich sehr genau anzuschauen, welche Veränderungen sind in der Beziehungsstruktur zu beobachten. Welche weiteren Veränderungen haben sich ergeben und was bedeuten sie für die weitere Zusammenarbeit?
Ist unsere anfängliche Zieldefinition für uns noch relevant, oder ist es besser noch einmal in den Zielfindungsprozess einzusteigen?
Diese Überprüfung dient dem Abgleich mit den Strukturen und Aufgaben die aus dem gelegten Unternehmenspanorama herausgearbeitet wurden.

4.1. Und die systemische Struktur?

Nach der jetzt vorangegangen Arbeit mit den psychologischen Ebenen wird es spannend sich ein zweites Mal die sozialen Beziehungen anzusehen. Gearbeitet wird wie beim ersten Abbilden der sozialen Strukturen. Wieder werden alle teilnehmenden Elemente (Mitarbeiter) auf jetzt bekannte Weise in das Panorama eingebunden. Sie können sich sicher sein, dass es nicht wenige Veränderungen geben wird. Seien Sie jetzt schon darauf gespannt! Begründet auf den Vorgängen, genauer gesagt auf den neu gemachten Erfahrungen und neu eröffneten Blickwinkeln, bekommen Sie neue Sichtweisen angeboten und können damit ein tiefgreifendes Verständnis für manche Situationen erlangen. Was gibt es zu verändern? Was gilt es beizubehalten oder gar noch zu verstärken? Sie haben sich Zeit genommen, ihr Bild ihres Unternehmens zu vervollständigen. Sie haben die Möglichkeit angewandt, die direkte Kommunikation, welche uns möglicherweise als zu konfrontierend oder aus einem anderen Grund unpassend erscheint, auf elegante Art andersartig genutzt und die Ihnen wichtigen Botschaften übermittelt.

Der Grund hinter manchen internen Unternehmensprozessen wird für jeden sichtbar und mit dieser allumfassenden Einsicht ergeben sich automatisch neue Handlungsoptionen für die Unternehmenszukunft.

4.2 Welche Ziele haben wir jetzt?

Mit den Erkenntnissen und dem neu gewonnen Wissen, geht es ein weiteres Mal in den Zielfindungsprozess. Der Prozess ist den Teilnehmern jetzt vertraut, und sie haben weniger Mühe mit der genauen Beschreibung des Zieles oder der Ziele.

Das Verfahren wird genau wie bei der ersten Runde durchgeführt. Das Ziel oder die Ziele werden nach den Grundsätzen ausgewogener Ziele beschrieben. Ist der Zielfindungsprozess beendet und das Ziel sehr genau beschrieben, bleibt nur noch die Arbeit, es zu verabschieden und den Fahrplan zur Zielerreichung festzulegen.

4.3 Verankerung des Erreichten

Der Prozess ist jetzt zum Abschluss gekommen. Ein letzter Schritt ist noch erforderlich um die Arbeitsergebnisse und auch das erreichte commitment der Gruppe abzusichern. Damit das neue Selbst- Verständnis nicht in der täglichen Routine verloren geht, ist eine Festigung notwendig, um den nachhaltigen Transfer in die Tagesarbeit zu gewährleisten. Eine sehr gute Möglichkeit die Stabilisierung der neuen Strukturen sicherzustellen ist das Team Alignment.

Es geht dabei in Bezug auf die in den 3 Tagen gemachten Erfahrungen und erreichten Ergebnisse die psychologischen Ebenen zu durchlaufen. Die einzelnen Ebenen werden in aufsteigender Reihenfolge Umwelt, Verhalten, Fähigkeiten, Überzeugungen, Identität, Zugehörigkeit, und dann in absteigender Reihenfolge Zugehörigkeit, Identität, Überzeugungen, Fähigkeiten, Verhalten, Umwelt absolviert.

Positive Erfahrungen, die häufig auf den beiden unteren Ebenen des Persönlichkeitssystems verarbeitet werden, können auf den oberen Ebenen als Ressource verallgemeinert und stabilisiert werden.
Die Spielregeln für die Durchführung des Team Alignment werden den Teilnehmern keine Schwierigkeiten bereiten, da die vorangegangenen Arbeiten eine gute Vorbereitung gewesen sind. Im Wesentlichen sind die Spielregeln zur Kommunikation zu beachten. Des Weiteren ist Wert auf die Zielorientierung und den wertschätzenden Umgang zu legen.
Als Ziel der Mitglieder des Teams bietet sich die Umsetzung des Erarbeiteten an.
Jedes Teammitglied wird hierzu kurz im Beisein der anderen Teammitglieder befragt.
Für die Aussagen der Teammitglieder wird ein Symbol gesucht auf das sich das Team einigt und das alle individuellen Aussagen berücksichtigt. .
Danach werden die Symbole aufgebaut wobei der Focus das Ziel der Gruppe ist.

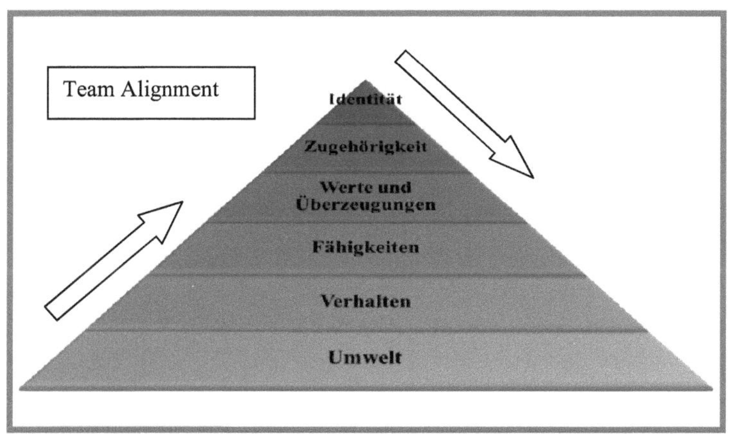

Alignment (Ausrichtung)

Neurologische Ebenen nach oben durchlaufen (Beispielhaft)

1. Von der Verhaltensebene beschreiben

    Wie verhaltet Ihr Euch als Team in

    Was tut Ihr?

    Wie macht Ihr es?

2. Von den Fähigkeiten beschreiben

Welche Fähigkeiten wendet Ihr gemeinsam an, um...?
Welche Fähigkeiten sind Euch am wichtigsten?

3. Von der Überzeugungsebene beschreiben

Was ist auch wichtig, dass Ihr solche Fähigkeiten anwendet?
Was ist die Motivation die Euch dazu bringt diese Fähigkeit(en) anzuwenden?

4. Von der Identitätsebene beschreiben

Was für ein Team seid Ihr, das solche Fähigkeiten besitzt und sich von diesen Überzeugungen leiten lässt?
Was macht Euch als Team aus?

5. Von der Zugehörigkeitsebene beschreiben

Welchem größeren Zusammenhang fühlt Ihr Euch als Team zugehörig?
Welches ist das Ganze, dem Ihr angehört?
Welches Symbol gibt es hierfür?

6. Festigen

Was bedeutet es für Euch, wenn Ihr Euch vergegenwärtigt, welchem größeren Ganzen Ihr angehört?

Neurologische Ebenen nach unten durchlaufen (Beispielhaft)

1. In die Identitätsebene zurückgehen

Nehmt das Symbol und das Bewusstsein des größeren Ganzen und geht in die nächste Position zurück. Macht Euch bewusst, was sich verändert hat.
Hat sich etwas verändert oder ist etwas Neues hinzugekommen?

2. In die Überzeugungsebene zurückgehen

Nehmt soviel wie möglich von diesem Bewusstsein und geht in die nächste Position zurück. Gibt es etwas weiteres dass Euch motiviert?

3. In die Fähigkeitenebene zurückgehen

   Nehmt soviel wie möglich von diesen Überzeugungen mit in die nächste Position. Welche neuen oder zusätzlichen Fähigkeiten werden Euch jetzt bewusst?

4. In die Verhaltensebene zurückgehen

   Nehmt soviel wie möglich von diesen Fähigkeiten mit in die nächste Position. Achtet darauf ob sich etwas verändert hat oder ob Ihr noch etwas Neues entdeckt, das Ihr nutzen könnt.

5. In die 1. Position zurückgehen

   Nehmt so viel wie möglich von diesem Verhalten mit und geht in die nächste Position zurück. Achtet darauf ob sich etwas verändert hat oder Ihr noch etwas Neues entdeckt.

   Was erlebt Ihr jetzt in dieser Position?

   Was hat sich in Eurer Umgebung verändert?

6. Metaebene

   Schaut Euch diese Reihe an und macht Euch klar, was für ein Team seid Ihr und was bedeutet es für die zukünftige Zusammenarbeit?

5. Wie geht es weiter?

Die Arbeit ist getan und jetzt beginnt die eigentliche Arbeit. Nämlich das Umsetzen der gewonnenen Erkenntnisse in den betrieblichen Alltag. Die Aufgaben sind beschrieben und warten auf ihre Umsetzung. Es sind die beteiligten Abteilungen einzubinden und intensive Gespräche zu führen. Die Personalabteilung ist gefordert ihre Personalentwicklungsmaßnahmen auf die Ergebnisse des Unternehmenspanoramas abzustellen. Auch sind die Anforderungsprofile für die bereits vorhandenen Mitarbeiter, aber auch für die neu zu gewinnende Mitarbeiter möglicherweise zu überarbeiten. Möglicherweise gibt es auch Mitarbeiter, die mit anderen Aufgaben betraut werden. Organisationsabteilung und Qualitätsmanagement haben jetzt Grundlagen für ihre weitere Arbeit.

Da nur ein kleiner Teil der Mitarbeiter diesen ersten Schritt vollzogen hat -in der Regel der engere Führungskreis- ist darüber zu sprechen, wie die Ergebnisse in das Unternehmen zu transportieren sind.

Eine gute Möglichkeit sind Betriebsversammlungen in der die Beteiligten über die Ergebnisse und ihre Erfahrungen aus den drei Tagen berichten, Fragen beantworten und den Umsetzungsfahrplan vorstellen. Soweit es möglich ist, sollte eine ausgiebige Diskussion zugelassen werden.
Die Umsetzung der Erkenntnisse wird eine Zeit in Anspruch nehmen, möglicherweise sind einige Hürden zu überwinden. Es wird aber durch die gemeinsame Erfahrung viel leichter sein, diese Hürden als Herausforderung zu begreifen, die sich leicht überwinden lassen. Sinnvoller Weise wird nach einem vorher definierten Zeitraum nachgeschaut, ob sich das Unternehmen noch auf dem eingeschlagenen Weg befindet.

Resume: Das Unternehmenspanorama ist geeignet, Unternehmen auf eine andere Art und Weise zu betrachten und weiterzuentwickeln. Es erfordert den Willen, sich intensiv mit den derzeitigen Gegebenheiten auseinander zu setzen. Dass bedeutet, unvoreingenommen die Unternehmenswirklichkeit zu betrachten und die gewonnenen Erkenntnisse aufzunehmen, um sie dann im Unternehmen einzuführen und zu verwirklichen. Es verändert das Bild des Unternehmens und das Kommunikationsverhalten im Unternehmen positiv. Die Mitarbeiter werden bei ihren Werten und Vorstellungen abgeholt und in das Unternehmen eingebunden. Dadurch erfolgt eine stärkere Identifikation der Mitarbeiter mit dem Unternehmen.
Aber auch die sogenannten harten Fakten, wie Zahlen und Daten werden in der weiteren Arbeit im Unternehmen berücksichtigt.

Dass das Unternehmen dadurch erfolgreicher wird und sich auf Veränderungen leichter und flexibeler einstellen kann, liegt auf der Hand.

Literaturhinweis

„Das Persönlichkeits-Panorama“ Daniela Blickhan

„Der Große Zauberlehrling“ Dr. phil. Alexa Mohl

Sächsische Zeitung vom 10. Mai 2010

Gallup- Studie „Engagement Index 2010“

„Das Spiel der sozialen Beziehung“ L. Derks

yes
i want morebooks!

Buy your books fast and straightforward online - at one of world's fastest growing online book stores! Free-of-charge shipping and environmentally sound due to Print-on-Demand technologies.

Buy your books online at

www.get-morebooks.com

Kaufen Sie Ihre Bücher schnell und unkompliziert online – auf einer der am schnellsten wachsenden Buchhandelsplattformen weltweit! Versandkostenfrei und dank Print-On-Demand umwelt- und ressourcenschonend produziert.

Bücher schneller online kaufen

www.morebooks.de

VDM Verlagsservicegesellschaft mbH
Heinrich-Böcking-Str. 6-8
D - 66121 Saarbrücken
Telefon: +49 681 3720 174
Telefax: +49 681 3720 1749
info@vdm-vsg.de
www.vdm-vsg.de

Printed by Books on Demand GmbH, Norderstedt / Germany